글 법륜 | 그림 박정은

정토출판

일러두기

- 법륜 스님의 《지금 이대로 좋다》에 수록된 문구를 발췌했습니다.
- 문장은 맞춤법에 따라 정리했으며, 경우에 따라 구어체 형식을 그대로 사용했습니다.
- 필사하는 방법은 왼쪽 지면의 내용을 오른쪽 빈 지면에 그대로 옮겨 적습니다.
- 필사를 다 끝낸 후 자신의 마음이 어떤지 잠시 살펴보고 마음 상태를 적습니다.
- 지금 내 마음을 적은 후에는 '지금 이대로 좋다'를 가만히 소리내어 말해 보세요.

예시) 지금 내 마음은 들떠 있어. 왜냐하면 저녁 약속이 기대되기 때문이야.
　　　지금 내 마음은 편안하다. 필사를 하고 나니 생각이 정리되어 좋다.

차례

1 삶은 결코 힘든 일이 아닙니다   1~25일
2 지금 이대로 충분히 괜찮습니다   26~50일
3 나는 내 인생의 주인입니다   51~75일
4 마음이 새로우면 날마다 새날입니다   76~100일

프롤로그

'있는 그대로의 나를 인정하는 것, 이것이 사랑의 시작이다'라는 법륜 스님의 메시지를 담은 책,《지금 이대로 좋다》가 독자로부터 많은 사랑을 받았습니다. 이 책은 욕심을 버리고 실상을 알아차리면 나는, 지금, 여기, 이대로 괜찮음을 전하고 있습니다.

나 스스로를 들여다보기 위해 108배를 하기도 합니다. 108배는 몸으로 하는 명상입니다. 108배를 하면서 자신을 낮추고 마음을 비웁니다. 절을 하면서 가족, 동료, 친구들, 그리고 나에게 감사한 마음을 가집니다.

마음에 담고자 한 글자 한 글자를 손으로 써 내려가는 것이 필사입니다. 필사는 손으로 하는 명상입니다. 한 글자씩 마음에 새기면서 적어보세요. 눈으로 책을 읽으면 머리에 저장됩니다. 손으로 옮겨적으면 그 흔적이 종이에 남습니다.

하지만 그 의미는 마음에 깊이 아로새겨져 우리를 편안하게 합니다.
《지금 이대로 좋다》에서 핵심적인 내용을 담아 필사 노트를 제작했습니다.
짧은 문장이지만 하루에 한 장씩 필사해 보세요. 그러면 우리는 사실을 사실대로 알게 됩니다. 우리의 괴로움을 내려놓게 됩니다. 있는 그대로의 나를 인정하고 사랑하게 됩니다.
지금, 연필을 들어보세요. 행복과 감사, 사랑이 글자 하나하나에서 싹트고 성장할 거예요. 이 노트와 연필 한 자루로 자유롭고 행복한 여러분이 되시길 바랍니다.

1

삶은
결코 힘든 일이
아닙니다

'왜'가 아니라 '어떻게'입니다.
이미 살고 있는데
즐겁게 살 건지, 괴롭게 살 건지,
그건 나의 선택입니다.
아침에 눈 떠서 살아있으면
'오늘은 어떻게 살면 좋을까' 하고
생각해 보세요.

| 1일 | 년　월　일 |

지금 내 마음은 ....

....
어떠한 경우에도 지금 이대로 좋다.

열정이 있어야 한다, 꿈이 있어야 한다면서
괴로움을 만들지 말고
할 수 있는 만큼만 하면서 편하게 살아보세요.
사는 건, 힘든 일이 아니에요.

| 2일 | 년   월   일

지금 내 마음은 ....
....

어떠한 경우에도 지금 이대로 좋다.

과거나 미래가 아닌 지금
저기가 아닌 여기
남이 아닌 나에게
깨어있는 것이 자유로워지는 길입니다.

| 3일 _____   년   월   일

지금 내 마음은 ....
....
　　　　　　　어떠한 경우에도 지금 이대로 좋다.

왜 인생을 괴롭게 살아야 합니까?
남을 좋아하면 내가 즐겁고
남을 사랑하면 내가 기쁘고
남을 이해하면 내 마음이 시원해지는 것,
이 모두가 나를 사랑하는 법입니다.

| 4일 |　　　　　　　　　　　　　　　　　　　년　월　일

지금 내 마음은

어떠한 경우에도 지금 이대로 좋다.

괴로움의 원인은 자기가 누군지, 어디로 가는지,
지금 뭐하는지도 모르고 살기 때문입니다.
그러니 가끔은 멈추고
'넌 누구니, 어디로 가니, 지금 뭐하고 있니?'
스스로에게 물어보세요.

5일   년   월   일

지금 내 마음은 ....
....
                        어떠한 경우에도 지금 이대로 좋다.

지은 인연의 과보는 피할 수가 없다.
깊은 바닷속, 깊은 산속에 숨는다 하더라도.

6일 ——————— 년 월 일

지금 내 마음은 ....

....

어떠한 경우에도 지금 이대로 좋다.

화가 난다는 건 누구의 잘못이 아니라,
내가 옳고 네가 틀렸다는 내 분별심 때문입니다.
사사건건 옳고 그름을 가르려는 습관이
내 안의 도화선에 자꾸만 불을 댕기는 겁니다.

7일　　　　　　　　　　　　　　　　　　　　　　　　　년　월　일

지금 내 마음은 ....

....
어떠한 경우에도 지금 이대로 좋다.

모르는 걸 안다고 붙들고 있거나
틀린 걸 맞다고 우기기 때문에
인생이 힘들어지고 발전이 없습니다.
'이건 내가 잘못했구나, 이건 내가 틀렸구나,
이건 내가 몰랐구나' 하고 인정하면
삶이 가볍고 자유로워집니다.

| 8일 | 년 월 일

지금 내 마음은

어떠한 경우에도 지금 이대로 좋다.

내 삶의 태도가 조금씩 바뀌어
적게 쓰고, 적게 먹고, 남기거나 버리지 않는다면
지구 환경이 좋아지고
내 삶이 더 만족스러워지고
내게 생긴 여유로 남을 도울 수 있어
삶이 더욱 보람 있게 됩니다.

9일　　　　　　　　　　　　　　　　　년　월　일

지금 내 마음은 ....

　　　　　　　　어떠한 경우에도 지금 이대로 좋다.

어떤 일을 겪든
순간순간이 다 소중한 나의 인생입니다.
어느 순간도 버릴 것이 없습니다.
아무리 똑같은 일이 반복되는 것 같아도
인생에 반복은 없습니다.
꽃을 여러 개 수놓는다고 해서
똑같은 꽃이 아닌 것과 같습니다.

| 10일 | 년　월　일 |

지금 내 마음은

어떠한 경우에도 지금 이대로 좋다.

내 인생만 소중한 게 아니라 남의 인생도 소중하고,
내 생각만 소중한 게 아니라 남의 생각도 소중합니다.
내가 보기에 좋은 일이라고
모두 따라야 하는 건 아닙니다.

| 11일 | 년 월 일 |

지금 내 마음은

어떠한 경우에도 지금 이대로 좋다.

상대를 바꿔야 내가 행복해질 수 있다면
그걸 이룰 수 없을 때는
상대를 탓하거나 절망할 수밖에 없습니다.
불행의 원인이 나의 어리석음에 있고
사물을 바라보는 관점이 잘못돼서 생긴 문제라면
아주 쉽게 문제를 해결할 수 있습니다.

| 12일 | 년 월 일 |

지금 내 마음은

어떠한 경우에도 지금 이대로 좋다.

절은 세상에서 자신을 가장 낮추는 행위입니다.
손과 발과 무릎과 머리를 땅에 대고 절하는 것은
내가 당신보다 잘난 게 없음을,
세상 모든 생명체와 마찬가지로 지극히 평범한 존재임을
인정하는 행위입니다.
엎드려 절하다 보면
자신이 길가에 핀 들풀처럼
특별할 것 없는 존재임을 알게 되어 편안해집니다.

| 13일 | 년 월 일 |

지금 내 마음은 ....

....
어떠한 경우에도 지금 이대로 좋다.

남이 한 말로 지금 내가 괴롭다면
그 말을 그 사람의 스트레스로 꽁꽁 뭉친
쓰레기라고 여겨보세요.
쓰레기는 받는 즉시 버려야 합니다.
남이 나에게 준 쓰레기 봉지를
안고 다니지 마세요.
남이 준 걸 받아 지니고 괴로워하면
내 인생은 그 사람의 쓰레기통밖에 되지 않아요.

14일 ──────────   년   월   일

지금 내 마음은 ⋯⋯⋯⋯⋯⋯⋯⋯⋯⋯⋯⋯⋯⋯⋯⋯⋯⋯⋯⋯
⋯⋯⋯⋯⋯⋯⋯⋯⋯⋯⋯⋯⋯⋯⋯⋯⋯⋯⋯⋯⋯⋯⋯⋯⋯⋯⋯⋯⋯⋯

어떠한 경우에도 지금 이대로 좋다.

상대가 나에게 욕을 할 때 덩달아 욕하면
전생도 원수지간이요, 현생도 원수지간이요,
내생도 원수지간이 됩니다.
상대가 나에게 욕을 할 때 한번 빙긋이 웃으면
전생도, 현생도, 내생도 좋은 인연이 됩니다.
한번 깨달으면 '삼생의 업이 녹는다'고 합니다.
이 모든 일이 바로 '지금, 여기'에서
일어난다는 것을 알면 해결의 길이 보입니다.
깨달음은 운명대로 사는 게 아니라
운명을 바꾸는 겁니다.

| 15일 | 년　월　일 |

지금 내 마음은

어떠한 경우에도 지금 이대로 좋다.

자기 인생을 부정적으로 생각하며 울면서 살지,
긍정적으로 생각하며 웃으며 살지는
본인만이 결정할 수 있습니다.
생각 한번 돌이키면
항상 웃으며 인생을 살아갈 수 있습니다.

16일 _____

년　월　일

지금 내 마음은 ....
....
　　　　　　어떠한 경우에도 지금 이대로 좋다.

성공과 실패에 관계없이
하루하루가 모여서
우리의 인생이 됩니다.

| 17일 |　　　　　　　　　　　　　　　　　년　월　일

지금 내 마음은 ....
....
　　　　　　　어떠한 경우에도 지금 이대로 좋다.

마음이 허전할 때는
내가 뭔가 바라는 마음으로 헤매고 있음을 알고
그 바라는 마음을 놓아버리면
허전함이 흔적도 없이 사라집니다.

| 18일 | 년   월   일 |

지금 내 마음은

어떠한 경우에도 지금 이대로 좋다.

무의식적인 감정의 습관에서 자유로워지는 것,
그것이 해탈입니다.
더는 고뇌가 생기지 않는 것,
그것이 열반입니다.
사물을 보는 관점을 바꾸고
탁 알아차려서 습관에 끌려가지 않는 삶,
행복해지는 연습,
그것이 수행입니다.

19일 　　　　　　　　　　　　　　　　　　　년　　월　　일

지금 내 마음은

어떠한 경우에도 지금 이대로 좋다.

삶은 늘, 매일, 매순간 새롭습니다.
이것만 명심하면
매일 같이 살아도 지겹지 않고
매일 반복되는 일이어도
지루하지 않습니다.

| 20일 |——————

년　월　일

지금 내 마음은 ....
....
어떠한 경우에도 지금 이대로 좋다.

'또 내 생각에 사로잡혔구나.
내 뜻대로 안 된다고 성을 내는구나'
하고 자꾸 돌이키면
짜증의 횟수도 적어지고, 마음도 훨씬 편안해집니다.

| 21일 |　　　　　　　　　　　　　　　　　　년　월　일

지금 내 마음은

어떠한 경우에도 지금 이대로 좋다.

소통은 상대가 내 말을 듣고 이해해 주는 게 아니라
내가 상대의 말을 잘 듣고 이해하는 겁니다

22일 년 월 일

지금 내 마음은

어떠한 경우에도 지금 이대로 좋다.

집착과 외면은 제 뜻대로 하려는 욕망의 다른 표현입니다.
상황에 따라 다르게 일어날 뿐
그 근원은 같은 감정입니다.
집착과 외면이 늘 반복되기 때문에
문제는 해결되지 않고 고통이 계속됩니다.
윤회하고 있지요.

| 23일 | 년   월   일 |

지금 내 마음은

어떠한 경우에도 지금 이대로 좋다.

스무 살이 넘었으면
내 인생은 내가 책임져야 행복해집니다.

24일   년   월   일

지금 내 마음은 _____

어떠한 경우에도 지금 이대로 좋다.

언제 어디에서나
여러 사람을 만나며 인간관계를 쌓는 것에
두려움을 갖지 말고
사귀면서 관계 속에서 배워나가세요.
실패해도 괜찮습니다.
살짝 아픔을 겪더라도
다시 앞으로 나아가면 됩니다.
사람 만나는 것을 두려워하지 마세요.

25일　　　　　　　　　　　　　　　　　　　　　년　월　일

지금 내 마음은 ....

....

　　　　　　　어떠한 경우에도 지금 이대로 좋다.

2

지금 이대로
충분히
괜찮습니다

이 세상에서 나는 오직 단 한 명뿐입니다.
귀한 자신을 남하고 비교하면서 괴롭히지 말고
'이 정도면 괜찮다' 하고 있는 그대로 인정해 주세요.
나는 이 세상에 오직 하나뿐인 존재이며
지금 여기 살아있는 것만 해도
대견하고 자랑스럽고 소중한 존재입니다.

26일 　　　　　　　　　　　　　　　　　　　　　년　월　일

지금 내 마음은 ....

....

어떠한 경우에도 지금 이대로 좋다.

자아실현이란
남에게 보여주기 위함도
무엇인가를 이룩해야 하는 것도 아닌
내가 의미를 가지고 살아가는 것입니다.

| 27일 | 년　월　일 |

지금 내 마음은

어떠한 경우에도 지금 이대로 좋다.

어떤 사물이나 현상을 볼 때
이쪽뿐 아니라 저쪽도 보고,
앞면만이 아니라 뒷면,
아랫면만 아니라 윗면도 같이 살피며
전체를 보는 것을 통찰력 혹은 지혜라고 합니다.

| 28일 | 년   월   일

지금 내 마음은 ....
....
                              어떠한 경우에도 지금 이대로 좋다.

잘못하면 사과하고, 모르면 남에게 물으면 됩니다.
이런 자세로 도전하고 고치고
실패하면 연구하고 또 도전하고
계속하다 보면 절망하거나 실망할 틈이 없어요.
계속되는 도전이 삶에 적극적인 자세를 길러줍니다.
그렇게 하다보면 저절로 지혜로워집니다.

29일 　　　　　　　　　　　　　　　　　　　　　　　년　　월　　일

지금 내 마음은

어떠한 경우에도 지금 이대로 좋다.

원하는 대답이 나오지 않으면
성질을 내고 토라집니다.
남의 생각을 간섭하려 들어요.
간섭하려는 마음을 내려놓고
가볍게 이야기해 보세요.
꽃이 피는 것도 제 사정이고
지는 것도 제 사정입니다.
꽃이 피면 꽃을 보고
꽃이 지면 잎을 보면 되는 것처럼
무심히 보는 연습을 해보세요.

30일 　　　　　　　　　　　　　　　　　　　　　　　년　월　일

지금 내 마음은 ....

어떠한 경우에도 지금 이대로 좋다.

내가 싫어하는 사람을 다른 사람은 좋아할 수 있어요.
좋은 사람과 나쁜 사람이 따로 있지 않고
내가 좋아하고 내가 싫어하는 겁니다.
자기의 기호에 집착하면
그만큼 관계의 범위가 제한됩니다.
마음의 문을 열어야 합니다.
상대를 있는 그대로 보면 내가 편안해집니다.

| 31일 | 년 월 일 |

지금 내 마음은

어떠한 경우에도 지금 이대로 좋다.

늙어서 외로울까 너무 걱정하지 마세요.
모든 인간은 혼자 왔다 혼자 갑니다.

| 32일 | | 년 월 일 |

지금 내 마음은 ....
....
어떠한 경우에도 지금 이대로 좋다.

부정 위에 비판의식을 가지면
파괴적인 에너지가 나오지만
긍정 위에 비판의식을 가지면
개선의 에너지가 나옵니다.

33일 ──────────   년   월   일

지금 내 마음은 ....

어떠한 경우에도 지금 이대로 좋다.

세상은 내 뜻대로 되지 않습니다.
원하는 일이 있다면 두 번 세 번 해보고
그래도 안 되면 그만두고 다른 일을 하면 됩니다.
이렇게 가볍게 생각하면 행복하게 살 수 있습니다.

34일 　　　　　　　　　　　　　　　　　　　　　　　　년　　월　　일

지금 내 마음은

어떠한 경우에도 지금 이대로 좋다.

행복으로 가는 길은
마음이 바뀌지 않는 게 아니라
마음이 바뀌는 줄 알고
그 변화에 구애받지 않는 것입니다.
좋다 하더라도 너무 들뜨지 말고
싫다 하더라도 너무 사로잡히지 않도록
꾸준히 연습해 보세요.
자기 마음의 움직임을
스스로 알아차리고 지켜본다면
마음의 끊임없는 출렁거림 속에서도
참으로 한결같은 삶이 찾아옵니다.

| 35일 | 년　월　일 |

지금 내 마음은

어떠한 경우에도 지금 이대로 좋다.

우리의 모든 괴로움은
깨닫기만 하면
악몽에서 깨어나는 것처럼
그냥 다 없어져 버려요.
사실은 괴로움이 없어지는 게 아니고
본래 괴로울 일이 없습니다.

36일 　　　　　　　　　　　　　　　　　　　　　　　　년　월　일

지금 내 마음은

어떠한 경우에도 지금 이대로 좋다.

부모를 미워하는 건 부모가 나쁜 사람이라는 거죠.
그런 나쁜 사람 밑에서 자란 나는 하찮은 사람이 됩니다.
그래서 자존감이 낮아집니다.
내가 원하는 만큼 받지 못해서 불만이 있을 수는 있지만
어떤 상황 속에서도
이만큼 키워주신 점을 생각해 보세요.
부모님께는 다만 감사할 뿐입니다.

| 37일 | 년 월 일 |

지금 내 마음은 ....

....
어떠한 경우에도 지금 이대로 좋다.

자존감을 회복하는 방법은
나의 능력을 키우는 게 아니라
환상 속의 나를 버리는 거예요.
그러고 보면 나는
지금 이대로도 충분히 괜찮아요.

| 38일 | 년　월　일 |

지금 내 마음은

어떠한 경우에도 지금 이대로 좋다.

우리의 욕망을 탁 놓아버릴 때
괴로움이 사라집니다.
진정한 기도는
욕망의 불덩이를 내려놓는 것입니다.

| 39일 | 년　월　일 |

지금 내 마음은

어떠한 경우에도 지금 이대로 좋다.

지금 부모님이 싸우신다면 제일 좋은 방법은
그들의 삶에 끌려 들어가지 않는 거예요.
부모님은 그들의 방식대로 인생을 사는 것이니
괜히 끼어들어 부모님을 고치려고 하지 말고
그저 내 인생을 사는 게 좋습니다

◯ 40일 ─────────   년   월   일

지금 내 마음은 ....

....

어떠한 경우에도 지금 이대로 좋다.

아침에는 '오늘도 살아있어 감사합니다'
이렇게 긍정적인 기도를 하고
친구에게, 부모님께, 동료에게, 아내나 남편에게
감사하는 마음을 표현해 보세요.
나는 언제나 행복하게 살 권리가 있습니다.

| 41일 | 년　월　일 |

지금 내 마음은 _____

_____

어떠한 경우에도 지금 이대로 좋다.

나는 길가에 자라는 한 포기 풀과 같음을 알고
살아야 합니다.
그들이 나를 어떻게 보든 그건 그들의 생각이고
나는 그냥 가볍게, 재미있게 살아갑니다.
나를 특별히 규정짓지 않으면
언제 어디서 어떤 사람을 만나도
불편 없이 어우러져 살아갈 수 있습니다.

| 42일 | 년 월 일 |

지금 내 마음은

어떠한 경우에도 지금 이대로 좋다.

나와 다름을 인정하고
서로를 자유인으로 존중하고 예의를 갖추면
갈등이 일어날 이유가 없어집니다.
상대에게 너무 의지하면
원망하는 마음이나 질투심이 일어나고
나의 삶이 상대에게 속박을 받게 됩니다.
남에게 의지하지 않는 주체적인 사람은
질투하거나 원망하지 않습니다.

| 43일 |————————   년   월   일

지금 내 마음은 ....
....

어떠한 경우에도 지금 이대로 좋다.

어떤 선택을 하느냐가 중요한 것이 아니고
어떤 선택이든 그에 따른 책임을 져야 합니다.
망설이는 건 책임지기 싫은 마음입니다

| 44일 | 년 월 일 |

지금 내 마음은 ....

어떠한 경우에도 지금 이대로 좋다.

내가 원하는 것을 다 이룰 수 없듯이
남이 원하는 것을 내가 다 해줄 수도 없어요.
못하는 건 못한다고 말할 줄 알아야 해요.
할 수 있는 건 기꺼이 해주되
할 수 없는 것은 할 수 없다고 말해야 합니다.

| 45일 | | 년　월　일 |

지금 내 마음은 ....
....

어떠한 경우에도 지금 이대로 좋다.

오늘 살아있음에 감사하고
일할 곳이 있음에 감사하고
지금의 나에게 만족하면
지금 내가 특별한 존재가 되고
오늘이 특별한 날이 됩니다.
특별해야 한다는 생각을 할수록
인생은 괴로워집니다.
특별한 날이 따로 없다는 것을 알면
비로소 특별한 날을 만나게 됩니다.

| 46일 | 년　월　일 |

지금 내 마음은

어떠한 경우에도 지금 이대로 좋다.

우리 인생에는 어떤 것이 좋고, 어떤 것이 나쁘다는
절대 가치는 없습니다.
세상에 굴림을 당하지 말고
스스로 세상을 굴리며 살아가세요.

47일 　　　　　　　　　　　　　　　　　　　년　월　일

지금 내 마음은

어떠한 경우에도 지금 이대로 좋다.

마음의 병은 밖에서 온 것이 아니라
내 마음이 어리석어 생겨난 것입니다.
이것을 깨우치면
괴로워할 만한 그 어떤 것도 본래 없다는
이치를 알게 됩니다.

48일 ────────── 년　월　일

지금 내 마음은 ....

....

어떠한 경우에도 지금 이대로 좋다.

행복은 지천에 깔려 있어요.
그런데 그걸 다 내팽개치고
욕심에 눈이 어두워
다른 데서 행복을 찾아다닙니다.
그러다 죽을 때까지
행복하지 못할 수가 있어요.
그러니 지금 행복하세요.

| 49일 | 년　월　일

지금 내 마음은 ....

....
어떠한 경우에도 지금 이대로 좋다.

겸손과 비굴은
자신을 낮춘다는 같은 모습을 가집니다.
검소함과 가난도 적게 쓴다는 모습은 같습니다.
모습은 같지만
자발성에 기초할 때 결과는 반대입니다.
자발적으로 자신을 낮추고
대가를 바라지 않는 삶이
행복한 삶입니다.

| 50일 |　　　　　　　　　　　　　년　월　일

지금 내 마음은

어떠한 경우에도 지금 이대로 좋다.

3

나는
내 인생의
주인입니다

내 존재를 제대로 알면
칭찬에 우쭐댈 일도 없고
비난에 위축될 일도 없습니다.
칭찬이나 비난이
상대의 감정 표현일 뿐임을 알면
내가 그 말에 구애받지 않게 됩니다.

51일 　　　　　　　　　　　　　　　　　년　월　일

지금 내 마음은

어떠한 경우에도 지금 이대로 좋다.

실패해도 괜찮아요.
틀리면 다시 하면 될 뿐이고,
모르면 물어보면 그만이에요.
이렇게 쌓이고 쌓이는 연습이
내 능력을 향상시킵니다.

52일　　　　　　　　　　　　　　　　　　　　　　년　월　일

지금 내 마음은 ....

....

　　　　　　어떠한 경우에도 지금 이대로 좋다.

사람은 누구나 다 행복할 수 있습니다.
살아 있는 지금,
숨이 들어오고 나가는 이 순간만이 현재입니다.
현재에 집중하면 괴로움은 사라집니다.

53일 　　　　　　　　　　　　　　　　　　　　　　　년　월　일

지금 내 마음은 ....
....
어떠한 경우에도 지금 이대로 좋다.

일을 할 때도 노는 것처럼 해야 해요.
돈 때문이 아니라 일을 놀이 삼아 해봅니다.
밥할 때는 요리하며 놀고
회사에 출근해서는 일하면서 노는 거예요.
어차피 한세상 살다 가는 것인데
죽도록 일만 하다 가지 말고
실컷 놀다 가면 어떨까요.

54일 　　　　　　　　　　　　　　　　　　　　　　년　　월　　일

지금 내 마음은

어떠한 경우에도 지금 이대로 좋다.

나의 모습을 바로 봐야 상대도 바로 볼 수 있습니다.
내가 이기적이라는 것을 인정할 때
남의 이기심을 인정할 수 있습니다.

55일　　　　　　　　　　　　　　　　　　　　　　　년　　월　　일

지금 내 마음은

어떠한 경우에도 지금 이대로 좋다.

욕구를 채워서 얻은 행복은
금세 더 큰 욕구로 이어집니다.
진정한 행복은
욕구를 충족시키는 것이 아니라
욕구에 얽매이지 않는 것입니다.

56일 　　　　　　　　　　　　　　　　년　월　일

지금 내 마음은

어떠한 경우에도 지금 이대로 좋다.

상을 버리고
있는 그대로의 나,
있는 그대로의 상대를 봐야 합니다.
자기가 부족해서 남 보기 부끄럽다는 건
아직도 허상에 사로잡혀 있는 것입니다.
잘난 체하고 짜증내는 자기마저도 받아들이고
용서하고 사랑해야 합니다.

57일

년 월 일

지금 내 마음은

어떠한 경우에도 지금 이대로 좋다.

외로우신가요?
마음의 문을 활짝 열면
온 세상 모두가 내 친구입니다.

58일 ──────────   년   월   일

지금 내 마음은 ....
....

어떠한 경우에도 지금 이대로 좋다.

이 세상에는 열등한 존재도 우월한 존재도 없습니다.
존재는 그냥 서로 다를 뿐,
모든 존재는 그대로 온전합니다.

| 59일 | 년   월   일 |

지금 내 마음은 ....
....

어떠한 경우에도 지금 이대로 좋다.

우리가 태어나고 죽는 것은
생명을 이루는 요소들이
인연에 따라 모이고 흩어지는 것입니다.
그러니 태어난다고 기뻐할 일도 아니고
죽는다고 슬퍼할 일도 아니에요.
인연 따라 일어나고 인연 따라 사라지는 파도를 바라보듯
삶과 죽음도 하나의 현상으로 있는 그대로 응시할 때
죽음에 대한 두려움이 사라집니다.

| 60일 | 년 월 일 |

지금 내 마음은

어떠한 경우에도 지금 이대로 좋다.

'나는 온전한 존재다.'
이렇게 나를 직시하면
온전한 나를 만날 수 있어요.
남의 눈치를 볼 필요가 없지요.

61일 　　　　　　　　　　　　　　　　　　　　　　　년　월　일

지금 내 마음은 ....

....

어떠한 경우에도 지금 이대로 좋다.

감정이 일어나면 좋다 나쁘다 판단하지 말고
'이렇게 일어나는구나.
이렇게 점점 커져서 마침내 터지는구나'
파도가 밀려오고 밀려가는 걸 구경하듯이 지켜봅니다.
스스로를 옳다 그르다 판단하지 말고
자신의 감정 습관을 알아차리면
감정의 노예가 되지 않습니다.
자기 마음에 늘 깨어있어야 합니다.

62일 　　　　　　　　　　　　　　　　　　　년　월　일

지금 내 마음은

어떠한 경우에도 지금 이대로 좋다.

세상은 본래부터 내 뜻대로 다 되지 않으며
설령 내 뜻대로 된다고 다 좋은 일도 아니라는 걸 알면
뜻대로 되지 않아도 마음이 괴롭지 않습니다.
내 마음의 봄,
내가 만들어 보세요.

63일   년   월   일

지금 내 마음은 ....
....
어떠한 경우에도 지금 이대로 좋다.

이미 행한 것이 있으니
모든 것이 금방 좋아지지는 않겠지요.
하지만 어떤 결과가 나타나더라도
이미 내가 지은 인연의 과보임을 기꺼이 받아들이면
더 이상의 화근을 만들지는 않을 것입니다.

64일   년   월   일

지금 내 마음은

어떠한 경우에도 지금 이대로 좋다.

마음은 흔들리는 게 본래 성질입니다.
이 원리를 깨닫고
마음이 흔들릴 때마다
'마음이 이렇게 흔들리는구나' 알아차리면
오히려 내 행동은 흔들리지 않을 수 있어요.

65일　　　　　　　　　　　　　　　　　　　　　　　　년　월　일

지금 내 마음은 ....
....

어떠한 경우에도 지금 이대로 좋다.

인생은 다만 인연에 따라 때에 맞게 살아갈 뿐,
어떻게 사는 것이 꼭 옳다고 할 것이 없습니다.

66일   년   월   일

지금 내 마음은

어떠한 경우에도 지금 이대로 좋다.

자기 스스로 행복할 줄 모르는 사람이
남을 행복하게 해준다는 것은
앞뒤가 맞지 않는 이야기에요.
자기를 사랑하는 것이 남을 사랑하는 길이고
남으로부터 사랑받는 길입니다

| 67일 | 년   월   일 |

지금 내 마음은

어떠한 경우에도 지금 이대로 좋다.

행복으로 가는 길은 알아차림입니다.
욕망을 좇느냐, 참느냐의 문제가 아닙니다.
욕망이 일어나는 줄 알아차리면
그 욕망으로부터 자유로워져요.
이것이 부처님이 발견한 제3의 길, 중도입니다.

68일

년　월　일

지금 내 마음은

어떠한 경우에도 지금 이대로 좋다.

내가 남을 위로해 줄 수 있다거나
남을 가르쳐 변화시킬 수 있다는 것은
잘못된 생각입니다.
다만 상대의 이야기를 들어주고
내 경험이 있으면 그것을 나누면 됩니다.

| 69일 | 년 월 일 |

지금 내 마음은 ....

....

어떠한 경우에도 지금 이대로 좋다.

내게 이기심이 있듯이
상대에게도 이기심이 있음을 인정하고
자신의 마음에 비추어
상대의 마음을 짐작해 보면
굳이 사랑이라는 말을 내세우지 않아도
얼마든지 행복하게 살 수 있습니다.
사랑이란 말을 안 써도
상대를 인정하고 이해하는 것이
바로 사랑이에요.

70일　　　　　　　　　　　　　　　　　　　　　　　　년　　월　　일

지금 내 마음은

어떠한 경우에도 지금 이대로 좋다.

내일부터라도
아이 혼자 일어나서 스스로를 챙길 수 있게
믿고 기다려주세요.
사랑은 절제가 필요합니다.
해주고 싶은 마음을 절제하는 것이
아이를 진짜 사랑하는 길입니다.

71일

년　월　일

지금 내 마음은

어떠한 경우에도 지금 이대로 좋다.

나이 든다는 것은 불행이 아니라
오히려 축복일 수 있습니다.
나이 들어가면서 초라해지느냐 원숙해지느냐는
몸이 아니라 마음의 문제입니다.

| 72일 |　　　　　　　　　　　　　　　　　　　년　월　일

지금 내 마음은

어떠한 경우에도 지금 이대로 좋다.

돈이, 지위가, 인기가 주인이 아니라
내가 내 인생의 주인입니다.

| 73일 | 년　월　일 |

지금 내 마음은

어떠한 경우에도 지금 이대로 좋다.

화가 나고 밉다는 말은 나만 옳다는 뜻입니다.
그 생각을 내려놓으면
화날 일도 없고 미워할 사람도 없습니다.

74일   년   월   일

지금 내 마음은 ....

....

어떠한 경우에도 지금 이대로 좋다.

사랑을 계산하지 마세요.
헤어지는 경험이 없는 사랑은 없습니다.
이별을 맞닥뜨렸을 때
'당신과 만나서 그동안 즐거웠어요. 감사합니다'
긍정적으로 받아들이세요.
그러면 결국 내 삶이 아름다워집니다.

| 75일 | 년　월　일 |

지금 내 마음은 ....

....

어떠한 경우에도 지금 이대로 좋다.

4

마음이 새로우면

날마다

새날입니다

정체성이란 나만의 고유함이지
남과 비교할 필요가 없어요.
나는 '코리안 아메리칸'이라는 새로운 인류학적 종이다!
이렇게 사고를 넓혀봅니다.

76일

년   월   일

지금 내 마음은

어떠한 경우에도 지금 이대로 좋다.

상황이 나를 억압하는 것이 아니라
좋다 싫다는 내 마음이
나를 자유롭지 못하게 속박하는 것입니다.
좋다 싫다에 매여있는 한 자유로울 수 없습니다.
좋다 싫다에 구애받지 않는
언제나 지금 이대로 좋은 삶이어야 합니다.
지금 이대로의 인생이 훌륭하고 가치 있다고 생각하면
진정한 자유를 얻을 수 있습니다.

| 77일 |　　　　　　　　　　　　　　　　　년　월　일

지금 내 마음은 ....

....
어떠한 경우에도 지금 이대로 좋다.

행복해지는 데는
긴 시간과 과정이 필요하지 않습니다.
지금 이 순간 만족하면 바로 행복해질 수 있어요.

78일 ──────────────   년   월   일

지금 내 마음은 ....
....

어떠한 경우에도 지금 이대로 좋다.

남이 변하기를 바라지 말고
먼저 나 자신부터 변해야 합니다.

79일   년 월 일

지금 내 마음은

어떠한 경우에도 지금 이대로 좋다.

평범하고 소박하지만
내 손에 쥔 작은 행복이 가장 큰 복입니다.

80일 　　　　　　　　　　　　　　　　　　　　　　　년　　월　　일

지금 내 마음은 ....

어떠한 경우에도 지금 이대로 좋다.

어떤 꿈이든 실현 여부가 중요한 게 아니에요.
괴롭지 않으면 능력을 키워주는 원이고
괴로우면 헛된 욕심에 지나지 않아요.
자신이 할 수 있는 일에
하루하루 충실할 뿐,
불안해하면서 무리할 필요가 없습니다.

81일 　　　　　　　　　　　　　　　　　　　　　년　　월　　일

지금 내 마음은

어떠한 경우에도 지금 이대로 좋다.

청소를 하거나 밥을 먹거나 걸을 때
매 순간 깨어있습니다.
지금 이 순간에
온전히 깨어있는 삶을 삽니다.

82일 　　　　　　　　　　　　　　　　　　　　　년　월　일

지금 내 마음은 _____

_____

어떠한 경우에도 지금 이대로 좋다.

상대의 심정을 이해하면
내 마음이 편안합니다.
'저 사람은 왜 저러나' 하며 이해하지 못하면
내 마음이 답답합니다.
그 사람이 하는 행동과 생각을 이해하면
내 가슴이 후련합니다.
이것이 바로 내가 나를 사랑하는 법입니다.
남을 이해하는 것이
바로 나를 이롭게 하는 길입니다.

83일 년 월 일

지금 내 마음은

어떠한 경우에도 지금 이대로 좋다.

나 자신이 행복하게 살면
그것이 남에게도 도움이 됩니다.
남에게 도움이 되는 일을 하겠다고 억지로 하면
내가 무거운 짐을 지게 됩니다.
그러면 내가 행복하지 못하고
결국 남도 행복하게 해줄 수가 없습니다.
자기 자신의 삶에 충실한 것이
곧 나를 돕고 남을 돕는 길입니다.

84일　　　　　　　　　　　　　　　　　　　　　　　년　월　일

지금 내 마음은

어떠한 경우에도 지금 이대로 좋다.

약을 안 먹는 게 수행이 아니고
안 아픈 게 수행이 아니에요.
아프면 아픔을 알아차리는 것,
아파도 아픔에 구애받지 않는 것,
이게 수행입니다.

| 85일 | 년 월 일 |

지금 내 마음은

어떠한 경우에도 지금 이대로 좋다.

명상은 머릿속에 떠오르는 생각이
없어지도록 하는 것이 아니라
머릿속 생각은 수없이 반복되어도
그 생각에 빠지지 않고 다만 호흡에 집중해서
들숨과 날숨을 여실히 알아차리는 것입니다.

| 86일 | 년 월 일 |

지금 내 마음은 ....

....

어떠한 경우에도 지금 이대로 좋다.

하기로 한 것은
그냥 '싹' 해버립니다.

| 87일 | 년   월   일 |

지금 내 마음은

어떠한 경우에도 지금 이대로 좋다.

어떻게 기도해야 할까요?
'오늘도 부처님 가피 덕에 잘 살고 있습니다.
오늘도 주님의 은혜 속에 잘 살았습니다.
감사합니다.'
감사 기도를 한다는 것은 이미 복을 받았다는 뜻입니다.
이게 믿음이에요.
여러분이 몰라서 그렇지 이미 복을 많이 받았어요.
그러니 이것저것 요구하지 말고
감사 기도를 하면 됩니다.

| 88일 |　　　　　　　　　　　　　　　　　　　　　년　월　일

지금 내 마음은 ....

....
어떠한 경우에도 지금 이대로 좋다.

사람은 베풀 때 가장 행복해요.
베풀고 사랑함으로써 행복해지는 게
바른 수행입니다.

| 89일 | 년　월　일 |

지금 내 마음은

어떠한 경우에도 지금 이대로 좋다.

진정한 기도는
잘 되게 해달라고 비는 것이 아니라
좋다 나쁘다로 바라보는 마음을 내려놓는 것입니다.
기도를 바르게 하면
어떤 일이 일어나도 해결책을 찾고
다른 사람들이 허둥대더라도
나는 의젓하게 지낼 힘이 길러집니다.

| 90일 | 년　월　일 |

지금 내 마음은

어떠한 경우에도 지금 이대로 좋다.

윤회에서 벗어나려면
고락의 근원인 욕망에서 벗어나야 합니다.
바라는 바가 이루어져야 행복하다는 생각에서
벗어나야 합니다.

91일 　　　　　　　　　　　　　　　　　　　　　　　　　　　　　년　월　일

지금 내 마음은 ....

....

어떠한 경우에도 지금 이대로 좋다.

간절한 기도는 옆 사람이 더 잘 압니다.
아내의 기도는 남편이 감동합니다.
남편의 기도는 아내가 감동합니다.
부모의 기도는 자식이 감동합니다.
옆에 있는 사람이 하늘입니다.

92일   년   월   일

지금 내 마음은

어떠한 경우에도 지금 이대로 좋다.

이치를 바르게 이해하고
몸과 마음을 통해 경험하면
사물을 있는 그대로 볼 수 있습니다.
있는 그대로 아는 것이 수행의 출발점입니다.

| 93일 | 년 월 일 |

지금 내 마음은 ....
....

어떠한 경우에도 지금 이대로 좋다.

나를 사랑하라는 것은
현실의 나를 인정하고 받아들이라는 것입니다.
'이상의 나'를 높이 세울수록 '현실의 나'를 미워하게 되고
그럴수록 나는 더욱 초라하고 왜소해집니다.
그러니 이상의 나를 버리고
현실의 나를 긍정해야 합니다.
지금 이대로 괜찮습니다.
설령 조금 부족하더라도 지금의 내가 괜찮습니다.
자기 긍정의 바탕에서 욕심을 버리고
조금씩 자신을 바꿔 나가면 됩니다.
있는 그대로의 자기를 긍정하는 것이
자기 사랑의 시작입니다.

94일 | 년 월 일

지금 내 마음은

어떠한 경우에도 지금 이대로 좋다.

우선 내가 행복해야 합니다.
남을 즐겁게 하기 전에
내가 먼저 즐거워야 해요.
이걸 놓치면 결국
처음 원하던 것과 정반대의 일이 일어납니다.
진리는 나도 좋고 남도 좋은 것입니다.

| 95일 | 년　월　일 |

지금 내 마음은 ....
....

어떠한 경우에도 지금 이대로 좋다.

한때는 전부였던 것이
지나고 보면 아무것도 아닐 수 있습니다.
지금 나는 어떤 구슬을 움켜쥐고 있는지
돌아봐야 합니다.

| 96일 | 년   월   일 |

지금 내 마음은

어떠한 경우에도 지금 이대로 좋다.

내 삶을 행복하게 만들고
남에게도 도움이 되는
검소한 삶, 소박한 삶을 살아야 합니다.

| 97일 | 년 월 일 |

지금 내 마음은 ....

....

어떠한 경우에도 지금 이대로 좋다.

우리는 상대의 모습을 내 마음대로 그려놓고
왜 그림과 다르냐고 상대를 비난합니다.
있는 그대로 보지 못하는 마음의 착각이
우리 모두를 힘들게 합니다.

98일　　　　　　　　　　　　　　　　　　　　　　　　년　　월　　일

지금 내 마음은 ....
....

어떠한 경우에도 지금 이대로 좋다.

변하는 것이 당연함을 알면
괴로움이 사라집니다.
늙음도 죽음도 단지 변화일 뿐,
알고 나면 두려울 게 없습니다.

99일　　　　　　　　　　　　　　　　　　　　　년　월　일

지금 내 마음은 ....
....
　　　　　　　　　어떠한 경우에도 지금 이대로 좋다.

매일 마음을 새롭게 할 수 있다면
나날이 새날이고
나날이 새해입니다.
굳이 날을 정해 한해의 끝을 맺는 것은
지난 것은 다 털어버리고
새로 시작해 보자는 뜻입니다.
매년 이렇게 지나간 것을 털어버리는 연습을 해야
죽을 때 잘 털고 갈 수 있어요.
좋은 기억이든 나쁜 기억이든
좋은 경험이든 나쁜 경험이든 다 놓아 버리세요.
날마다 새로운 마음으로
살아가시기 바랍니다.

100일 ———————   년   월   일

지금 내 마음은

어떠한 경우에도 지금 이대로 좋다.

> 백일 필사를 마치며

필사를 마친 지금의 나는 어떤가요?
소감을 기록해봅니다.

지금 이대로 좋다 필사노트

초판 1쇄 발행 2024년 9월 20일
초판 5쇄 발행 2025년 9월 10일

지은이　법륜
그린이　박정은
펴낸이　김정숙

기획　이상옥 정연서
편집　신미경 최영미 박정은 김세윤
디자인　정계수
제작처　금강인쇄

펴낸곳　정토출판
등록　1996년 5월 17일(제22-1008호)
주소　06652 서울특별시 서초구 효령로51길 42 (서초동)
전화　02)587-8991
전송　02)6442-8993
이메일　jungtobook@gmail.com
http://book.jungto.org
ISBN 979-11-87297-76-5 (03800)

ⓒ 정토출판
· 이 책 내용의 일부 또는 전부를 재사용하려면 반드시 정토출판의 동의를 얻어야 합니다.
· 파본이나 잘못된 책은 구입하신 서점에서 바꾸어드립니다.
· 책값은 뒤표지에 있습니다.